SAUVAGE

Ombeline Kerbidi

Trouvez la force du pardon et la paix intérieur,
apprenez à vivre avec les blessures du passé.

Lisez-moi comme une balade dans un musée,
Regardez-moi comme vous contemplez une peinture.

MAMAN !

Je crie à l'aide en silence…

« Tu n'as pas de mère »
« Elle t'a abandonnée »

Ces mots raisonnent dans ma tête,
Je suis à la recherche d'une figure maternelle.

Maman…

Je tombe en sanglots.

J'ai trouvé comme réconfort des petits coussins bleus,
Ils se sont glissés sous mes yeux.

Séparation

Te souviens-tu quand nous avions pris l'avion pour
aller en vacances en famille ?
Bien sûr que non.

Notre famille n'a jamais existé,
C'était un songe…

Été espéré

Tu n'étais pas là.

Personne ne pensait que je me souviendrai,
Mais la mémoire et les souffrances,
Sont plus persistantes que les doux moments de
notre vie.

Te souviens-tu ? Tu n'étais pas là…

Nous trois contre le monde,
Repartir à zéro,
Loin de toi.

Je le sais, je m'en souviens…
C'est toi qui devais rentrer avec nous.

Billet d'avion à ton nom, appel d'urgence, enfant
Kidnappée, abandon.

Petite fille se retrouve sans sa mère, accusée d'être
une enfant volée.

C'est le début de l'enfant sauvage.

Souvenir d'enfance

Je ne changerais les choses pour rien au monde,
La douleur était essentielle pour forger celle que
je suis aujourd'hui.

Expérience

Je me suis tatouée trois petites colombes pour
témoigner du début de ma vie.

Je me sens chez moi loin des villes,
Je suis à ma place dans une petite maison au milieu
de la forêt.
Sans avoir besoin de faire semblant,
C'est là où je me sens libre.

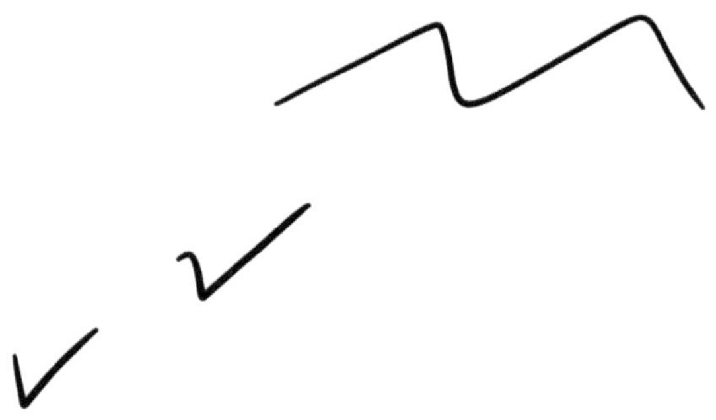

Séparation

Je dois aimer la ville parce que j'ai 20 ans et
que c'est fun !?

Qu'est-ce que je vais aller faire dans une
maison de campagne, sans mes proches, sans
les bars et les boîtes ?

Je vous le dis : je vais vivre.

Primitif

Je suis un animal, j'ai développé des techniques de survie :

J'ai un œil partout à la fois, j'observe le monde qui m'entoure, pour assurer mes arrières.

L'art du camouflage, je fais de mon mieux pour que personne ne me voit…

Peu de personnes me veulent du mal, mais les quelques oiseaux et serpents qui courent les rues suffisent.

Le Caméléon

Nous sommes des animaux en cage.

Pris aux pièges par la société on a l'impression
que jamais on ne pourra s'en détacher.
Un CDI, une bonne situation, une vie de couple
stable, deux chats :

On se sent malheureux.

Ils ne nous comprennent pas…

Disent que nous ne mesurons pas notre
chance…
Nous nous sentons pris au piège,
Nous aimerions être libres et simplement vivre.
Survivre

Il est bon de trouver cette personne…

Les inséparables

J'ai pris un peu de soleil et quelques tempêtes,
Sans tuteur.

Fleur Sauvage

Ma maison,
C'est là où mon espèce ne s'est pas étendue

Amenez-moi dans cet endroit…
Au milieu de rien pour vous et de tout pour moi

Je regarderai le vent souffler dans les arbres,
Je chercherai à connaître mes voisins de la forêt

Je vivrai enfin

Étendue Sauvage

Je préfère vous observer et vous étudier plutôt que de vivre avec vous.

Enfant Sauvage

Je vous observe de ma fenêtre,

Le temps est suspendu.

C'est le seul moment où de mon studio,

Je me sens libre…

Le monde extérieur devient une prison.

A vous, les survivants de notre monde

Son foulard jaune noué autour de son cou,
Il avance.

Le regard vide...

Mallette à la main,
9h00 du matin.

Je n'ai pas de doute, mardi matin :
Il se rend au travail.

Pourquoi est-ce que tu te réveilles ?
Frustration

Le monde s'agite au-dehors de ma fenêtre,
Ont-ils seulement vu les premiers rayons du soleil ?
Tourbillons de la vie,
Ou

Routine mortelle

Un thé à la main,
9h00 du matin.

J'écris le monde qui m'entoure,

J'écris ce monde :
Avec haine et Amour.

Bâtiments hideux, Pour les rejetés...

Ou chaque fenêtre laisse place à :
Une histoire,
Un combat.

Bâtiments hideux pour les rejetés.

Pour ceux, qui n'espèrent plus à une meilleure
vie.
Pour ceux, qui continuent de lutter...

En croyant que c'est l'espoir qui fait vivre,
Ne perdez-pas cette flamme !

Le monde à travers mes yeux

« Tu n'auras qu'à sucer des bites pour réussir »

Tu cherches ta voie et tu comprends que ça ne sera pas si simple.
Tu lutteras toute ta vie pour prouver que tu en es capable et que ce n'est pas ton corps qui doit définir ton avenir.

Dans la fleur de l'âge

Tu étais vierge mais tu as appris que ton corps ne serait qu'un trou, un moyen d'arriver à tes fins.
Éducation

Romantique, je rêvais du prince charmant.

Je l'ai trouvé,
Il m'a sauvé.

Loin des contes de fées, il m'a appris à aimer.

Il m'a rendu indépendante.

Le Rebel

Être chéri,

Tu as brisé son âme,

Je suis sortie de tes mailles.

Elle pense ne mériter que ça...

Elle pense être heureuse,

Elle ignore mériter mieux.

Que voulez-vous...

Voici à quoi ressemble :

Le prince charmant

Manipulateur
Note : relisez vos contes

J'étouffe,
Respiration saccadée.

J'étouffe.

Je m'agite,
Mais...

Personne ne me comprend.

Main sur la poitrine j'indique ma douleur et...
Respiration saccadée.

J'étouffe.

Respire...

J'étouffe.

Ralenti...
Reprends-toi...

Main sur la poitrine,
je m'assois.

Je suis seule

Je reprends mes esprits,
Mais j'étouffe toujours...

Je n'ai pas suffisamment d'air
Je finis en pleure

Crise d'angoisse n°1

Je la sens prendre le dessus et je sais que je vais me laisser emporter.

Elle monte un peu plus et je commence à angoisser...

Je devrais avoir l'habitude et ne plus m'inquiéter.

Je devrais...
Mais elle est plus forte ! Pourquoi ?

Elle monte, monte et explose
Déclenchée par un imprévu,

Je perds le contrôle et ne me maîtrise plus.

Comme étranglée,

Il n'y a plus d'air qui peut entrer
Ou
Sortir de moi.

Mon corps se tend.

Quelques secondes, parfois des minutes.

Le temps me paraît une éternité...

Je suffoque et personne ne peut rien y faire.

Crise d'angoisse n°2

J'aime être sur un petit nuage,
Ne penser à rien.

Le temps est léger,
Je respire enfin.

Comprimés contre le stress

Papa,

J'ai oublié mon anti-stress.

Du coup je vais stresser...
Donc ça me stress.

Papa, est-ce que c'est grave ?

Placébo

J'ai perdu l'appétit
Ou la faim m'a fuit

Je touche le fond
Ma fin est proche

Trouble de l'alimentation n°1

Un trou dans le ventre
C'est ainsi que je sais que je suis en vie

Morte de trouille

Le voir,
Le sentir...

C'est dans vos rêves que je le porterai à ma
bouche.

L'idée de manger me donne la nausée.

Trouble de l'alimentation n°2

Mon cœur flotte sur un océan de larmes,
Petit bateau rouge ou petite bouée de sauvetage,

La tempête est proche...

Hisser les voiles vers une nouvelle destination,
Car petit bateau rouge ou petite bouée de
sauvetage...

Ne pourra pas refaire surface.

S.O.S

Petit bout de papier se transforme en négatif sur
mon compte.

Je vis au dépend de certains nombres,
J'attends la paie.

Je ne sais même pas pourquoi...

Quand je souffle le 5 du mois,
Je n'ai déjà plus rien le 10.

Me voilà de nouveau en apnée.

L'argent fait-il le bonheur ?

Souvent on vous dira qu'il y contribue.

Mais dans cette tour d'argent,
nous sommes enfermés.

Nous pensons qu'il s'agit de la liberté,
mais avons-nous besoin de tout ça ?

Notre vie ne nous appartient pas.

Souvenez-vous des salades de fleurs,
des sandwichs de feuilles

Rappelez-vous vos jeux d'enfants.

Est-ce qu'à un seul instant vous étiez
mal-heureux ?

 Le bonheur se cache dans les choses simples.

Vivez sincèrement et vous sentirez la
différence.

Votre cœur sera plus doux,
vous n'aurez plus cette boule au ventre.

Nous sommes des enfants perdus.

A vouloir, trop, se prendre au sérieux :
Nous n'avons toujours pas compris que
nous étions dans un Monopoly géant

Ce ne sont pas les enfants qui nous imitent,
Ce sont nous qui agissons comme eux.

Voilà pourquoi, avec le temps nous sommes
devenus des petits soldats, des petits moutons,

Des enfants perdus.

Nous faisons des caprices, et les refusons à nos
enfants.

Nous abusons de notre pouvoir parce que :
"je suis ta mère, je suis ton père"
Mais en parallèle,
nous détestons ce qui est au-dessus de nous.

Nous sommes hypocrites.

La Tour en Argent

Je me suis endormie avec un chagrin de la vie,
Je me suis réveillée,
J'ai tout de suite eu mal.

Un poids tellement lourd à porter,
Que j'ai cru que j'allais m'effondrer.

Les larmes sont montées,
Mais je ne voulais pas que tu m'entendes pleurer.

J'ai voulu me maquiller pour effacer les marques de la veille...

Je n'avais pas la force...
Ou plus de force.

Je ne sais plus.

J'ai préféré me rendormir

Le réveil sonne de nouveau,

Je n'ai plus le choix,
il faut y aller.

Je t'ai appelé papa.

Tu es le seul, qui à 5h00 du matin peut
répondre.

Et je voulais entendre ta voix...

Tu as bien fait d'être occupé ce matin-là,

Je n'aurai pas réussi à faire semblant avec toi.

Et quand tu me dis que tu n'aurais pas dû
t'arrêter sur ma route, ça me détruit.

Car tu ne vois pas que dans ta noirceur tu
m'apportes toute la lumière.

Ta part sombre m'a séduite,
même si elle est plus dure à vivre certains
jours.

Plus dure car je n'ai pas suffisamment de
force pour nous porter.

Plus dur,
parce que je n'arrive pas à te montrer le
monde dans lequel je vis.

On est fait pour être ensemble,
nous sommes des âmes-sœurs.

Il y a des signes qui ne trompent pas.

Ensemble on est plus fort.

On ne fait pas juste ressortir le meilleur chez
l'autre.
Il y a un équilibre constant.

Excuse-moi de ne pas réussir à te donner plus de
lumière.

Ton cœur est noir car tu penses devoir porter
tous les malheurs de ce monde.

Mais tu peux faire autrement,
La solution est toute proche.

Aime-moi comme tu sais le faire depuis 5 ans.

J'apprendrai à t'aimer
Pour que tu ressentes ce que tu me fais ressentir.

Instable :
Je suis une enfant sauvage.

Sans parents fixe,
Sans domicile fixe,
Instable.

Je vivais sur une île paradisiaque,
Instable.

L'argent ne fait pas le bonheur,
Il y contribue.

A l'école on enviait ma maison, mon château
gonflable dans le jardin et la piscine...

Mais l'argent vous a aveuglé.

J'avais un trou dans mon âme...
A cette époque, j'étais morte.

Instable.

Je suis revenue à la vie grâce à des sourires, des proches sur qui compter.

Je vis pour ces moments uniques que l'on ne peut pas acheter.

À vous...

À vous,
Qui avez fermé les yeux.

On avait besoin d'aide.

A vous,
Qui êtes restés silencieux.

J'ai décidé de fuir.

Dix ans après, vous l'avouez :
Que vous ne pouviez rien faire
MAIS
Qu'heureusement j'étais assez mature.

Vous ne pouviez rien faire ?
Je l'ai fait… J'avais à peine dix ans.

C'est plus simple de laisser une enfant gérer tout ça.

Vous m'avez raconté des histoires qui se sont
effacées de ma mémoire,

Vous avez toléré que des enfants se fassent
maltraiter…

Mais je comprends...

Vous êtes prisonniers,
Vous aussi,

Alors, je ne vous en veux plus.

Tous les hommes ne sont pas pareils,
Je vous le promets.

Femmes qui avez peur,
Aiguisez votre regard.

Vous trouverez cet homme qui vous fera sentir :
En vie.

J'aime les hommes et c'est terrifiant.

S'il part,
je sais que je ne trouverai jamais mieux que lui.

Et de toute façon,
je ne voudrai personne d'autre

Que lui.

Ma vie est à ses côtés.

J'imagine ce que ça fait,
J'imagine seulement.

J'imagine seulement car je ne sais pas.

Je ne sais pas,
J'imagine et ressens.

Je ne me suis jamais touchée,
Jamais observée.

On m'a plutôt appris à :
Me détester.

J'ai appris à :
Me faire du mal.

Je n'ai jamais réussi à me faire du bien.
Plates excuses à mon corps, que j'apprends à chérir.

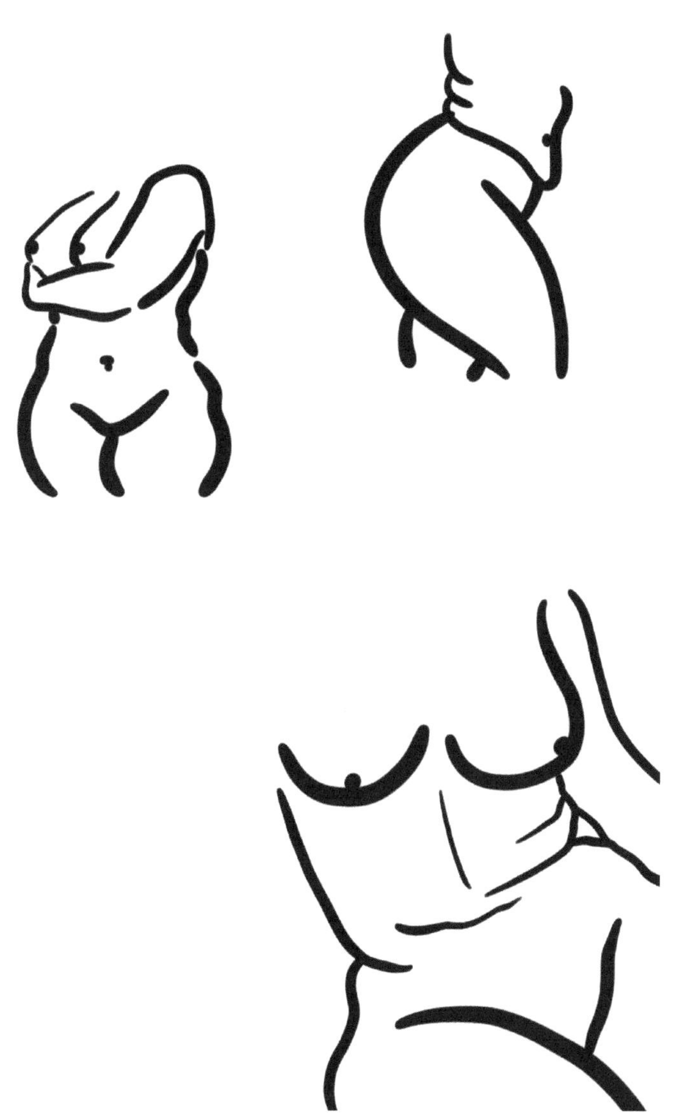

Trois jeunes filles d'une quinzaine d'années
marchent dans la rue,

On a la sensation qu'elles sont prêtes à
conquérir le monde.

Lui.

Il les regarde en souriant,
Malsain.

Il passe à côté de moi,
Me dit bonjour
Puis
Continu :

"Tu es mignonne"

Ça fait toujours plaisir mais...
J'avais peur.

Marcher vite,
Baisser la tête.

J'ai marché tranquillement,
La tête haute.

Je ne veux plus avoir peur.

Il faut se battre,
Pour elles...

Je devrais pouvoir marcher dans la rue sans
crainte.

On me dira que j'exagère
On me dira que c'est juste un compliment.

Vous n'avez pas vu son regard.

Je ne pouvais pas refuser.

Prédateur moderne

J'ai appris ce que voulait dire le mot

Famille

58

Lorsqu'ils m'ont ouvert la porte

Sans jugement,
Sans attente.

J'ai appris à être aimé :
Pour ce que je suis.

Belle-famille

Dans ce froid d'hiver,

Je n'ai rien connu de plus doux
Vos bras qui m'enlaçant,
Qui me serrent.

Des mots doux se sont glissés dans mes oreilles,
Je n'ai jamais rien ressenti de plus fort,
Que ce calme qui s'est emparé de mon âme.

Fleuve tranquille

Il y a des maux d'amour :
"Je t'aime"

Aucun regret,
Quelques déceptions.

Nos chemins se sont croisés,
Et nous avons vécu notre histoire.

Un sourire, une démarche :
Un rien.

Nos chemins se croisent dans la rue.

Nous sommes liés,
Un lieu pour un temps.

On s'oubliera,
Mais nos vies seront liées.

Sans importance.

Je veux écrire la douleur avec douceur,
Écrire la beauté de ce qui est laid.

Je veux vous montrer le monde : sans jugement.

Acceptation

On survit dans un monde qui avance sur un fil,
Effiloché.

Le vase est au bord de la table,
Il va tomber,
Nous allons finir brisés.

On avance dans un monde,
Sans surprise.

On attend la fin
Avant de commencer l'histoire

Plus que tout au monde :
Vivons.

Avançons comme si demain était la fin
Car vous en parlez sans cesse :

« De toute manière tout s'effondre »

2023

Tes mains sur son corps,
Tes mots...

D'amour ?

Ton impact sur elle.

Ordure

Je dis que je m'en contre fiche,
C'est faux.

J'aimerai qu'on puisse reconstruire quelque chose :
J'ai peur.

Alors,
Je me reconstruis pour mieux vous accueillir.

La vérité :
Je souffre.

Je souffre de ces émotions,
Je souffre de ces états,
Je souffre de ces histoires.

Je souffre encore plus de me détester,
Me détester de ressentir ces choses-là.

Je suis sur le chemin de la résilience

Je ne vous en veux plus.

Je vous aime à ma manière,
Je vous aime différemment,

Je ne veux pas que vous m'abandonniez
Encore...

Je veux seulement vous dire :

Pardonnez-moi

A mes parents,

Papa, maman,
On y arrivera.

On ne peut pas renier le passé
Mais on peut...

          Ensemble

          Avancer
          Et guérir

Édition : BoD – Books on Demand,
info@bod.fr. Impression : BoD – Books on
Demand, In de Tarpen 42, Norderstedt
(Allemagne)

Impression à la demande
ISBN : 978-2-3224-8863-6
Dépôt légal : novembre 2023

FSC
www.fsc.org
MIXTE
Papier issu
de sources
responsables
Paper from
responsible sources
FSC® C105338